LA PRATIQUE

DE

L'ASSURANCE SUR LA VIE

MISE

A LA PORTÉE DE TOUT LE MONDE

LA PRATIQUE

DE

L'ASSURANCE SUR LA VIE

MISE

A LA PORTÉE DE TOUT LE MONDE

QUELLE QUE SOIT LA POSITION DE FORTUNE

PAR

PAUL BONNAUD

REIMS

IMPRIMERIE DE P. DUBOIS, RUE DE L'ARBALÈTE, 9

1862

 AVIS

Quelques auteurs, plus ou moins pratiques, ont essayé d'aborder l'assurance sur la vie. Plusieurs d'entre eux ont fait même des prodiges, et ont excellé dans l'art d'écrire.

Malheureusement, tous ces écrivains n'ont traité que la partie théorique ; c'est très-bien pour les personnes instruites et compétentes, mais la masse de la population ne peut se contenter de la théorie : il lui faut essentiellement la pratique, mise en action par des

exemples nombreux et expliqués, en
un mot, il faut au public tout entier
la partie véritablement utile et pratique.
La lui démontrer telle qu'elle doit être
appliquée selon les besoins de chacun,
afin de la mettre à la portée de toutes
les positions indistinctement, c'est ce
que nous avons fait; car notre méthode est accessible à toutes les classes
de la société, et en lisant bien atten-
tivement notre opuscule, nos lecteurs
comprendront facilement les combinaisons des Compagnies anonymes
d'assurances, à primes fixes, sur la
vie, dont la fécondité renferme des
trésors inappréciables.

NOTA. — La reproduction de cet ouvrage n'est permise
qu'avec l'autorisation de l'auteur.

ASSURANCES

SUR LA VIE

DISPOSITIONS PRÉLIMINAIRES

Il existe en ce moment en FRANCE des institutions qui ont pour but l'amélioration du bien-être général de la masse de la population, et qui sont, de nos jours, déjà comprises et appréciées du public.

Ces institutions sont, soit par leur importance capitale, soit par le bien qu'elles sont susceptibles de faire dans toutes les classes de la société, appelées à un grand avenir.

Nous faisons évidemment allusion aux

institutions les plus fécondes de l'époque actuelle, aux Compagnies anonymes d'assurances, à primes fixes, sur la vie, qui sont, par leurs combinaisons aussi ingénieuses que variées, la sauvegarde de l'avenir des familles qui n'ont d'autre patrimoine que le fruit de leur labeur, et présentent aux personnes prévoyantes, quelle que soit leur position de fortune, des ressources qui répondent à tous les besoins de la vie, pour se prémunir contre les éventualités, même les plus funestes.

Nos voisins d'Outre-Manche ont très-bien compris l'assurance sur la vie. Aussi, la considèrent-ils comme chose indispensable à la vie de l'homme sérieux, au père de famille, au chef d'établissement, etc., et vous verrez avec nous, Lecteurs, que ce peuple industrieux et prévoyant a raison, lorsque vous aurez étudié et compris les heureuses combinaisons des Compagnies d'assurances sur la vie, de ces grandes

institutions que la FRANCE possède actuellement.

Nous nous bornerons, Lecteurs, à vous démontrer la partie véritablement pratique, celle qui est la plus essentielle et la plus utile aux besoins de la vie, afin qu'en nous lisant, vous soyez convaincus de l'efficacité de ces excellentes opérations; et, pour que vous soyez encore mieux pénétrés de leur utilité, nous vous mettrons sous les yeux les combinaisons les plus usitées, celles qui sont à la portée de toutes les positions indistinctement.

Nous ne nous posons pas ici comme savant économiste, et nous n'écrivons pas non plus pour les docteurs de la science. Non !... Nos prétentions ne vont pas jusque là, car notre unique et véritable but est de mettre le fruit de notre longue expérience au profit de ceux qui nous liront.

Dans l'exposé succinct que nous soumettons à votre juste appréciation, nous ne parlerons pas des ouvrages qui ont déjà paru jusqu'à ce jour, traitant des assurances sur la vie, et qui ont été plutôt écrits dans un but théorique que pratique. Quant à nous, la méthode que nous allons adopter sera simple, claire, précise et à la portée de toutes les intelligences.

GARANTIES

On sait aujourd'hui que les Compagnies anonymes d'assurances sur la vie, sont des institutions sérieuses et donnant aux sous-cripteurs une sécurité parfaite.

Elles offrent en garanties : leur fonds social, leurs immeubles , leur portefeuille, leur fonds de réserve, en un mot, tout leur actif, non seulement constitué, mais de plus *constaté*.

Elles sont tenues aussi de fournir, tous les six mois, leurs états de situation à M. le Ministre du commerce, à M. le Préfet de la Seine, à M. le Préfet de police, à la Chambre de commerce de la Seine et au Greffe du Tribunal de commerce de Paris.

Nous allons nous occuper maintenant des avantages que l'assurance sur la vie offre aux souscripteurs, et de son application, en nous servant de nombreux exemples, afin que nos lecteurs puissent nous comprendre, en nous suivant, bien entendu, dans nos explications, que nous nous efforcerons de rendre aussi claires que possible.

Voici d'abord l'ordre des matières que

nous traiterons dans la première partie de notre exposé :

1° Assurance pour la vie entière ;

2° Assurance pour la vie entière, moitié sur la tête du mari et moitié sur celle de la femme ;

3° Assurance pour la vie entière, avec jouissance de l'intérêt des primes ;

4° Assurance mixte, première et deuxième combinaison ;

5° Appréciations utiles sur les assurances mixtes et pour la vie entière.

PREMIÈRE PARTIE

CHAPITRE Ier

Assurance pour la vie entière.

Nous disons : Assurance pour la vie entière, c'est-à-dire que le capital garanti par la compagnie assureur, reposant sur la tête de l'assuré , moyennant un versement déterminé , unique ou annuel, est exigible au décès de ce dernier, et le montant intégral en est payé immédiatement aux ayants-droit.

Supposons un père de famille, âgé de 35 ans, à la tête d'une maison de commerce en pleine prospérité, mais qui ne prospère que par l'intelligence de son chef, car lui seul a le secret de son industrie, de son commerce, etc. Une telle valeur est un vrai trésor pour les personnes dont il est le soutien ; mais s'il vient à mourir prématurement !... Cela peut arriver ; du reste, les exemples en sont assez fréquents, et, dans ce cas, il n'est pas moins vrai qu'il laisse une famille éplorée.

Voilà donc une valeur qui n'existe maintenant qu'en souvenir de regrets éternels !... Et cependant elle était le vrai soutien de la famille !

Si ce père avait été plus prévoyant ! il aurait contracté, sur sa tête, une assurance pour la vie entière, au profit de sa femme ou de ses enfants, et, à son décès, le montant intégral leur aurait été payé.

A 35 ans, il aurait pu assurer 50,000 fr. moyennant un versement ou prime annuelle de 1,205 fr., d'après les tarifs de la Compagnie L'IMPÉRIALE, rue de Rivoli, 182, à Paris. N'eût-il versé qu'une seule fois la prime annuelle de 1,205 fr., les 50,000 fr. assurés eussent été payés à sa femme ou à ses enfants.

Quelle perte irréparable pour la famille ! Quels regrets de n'avoir pas compris plus tôt ces excellentes opérations, qui sont de nature à améliorer la position de ceux qui restent après la mort du chef de la famille !

Pour vous faire encore mieux apprécier les avantages qu'offrent les Compagnies d'assurances sur la vie, nous allons vous donner plusieurs exemples, pris à divers âges. On peut s'assurer depuis 21 ans jusqu'à 60, et plus.

—————— EXEMPLE 1. ——————

Un jeune mari, âgé de 30 ans, ayant une position professionnelle lui rapportant 6,000 fr. par an, seule ressource du jeune ménage.

Ce mari tient le raisonnement suivant : « **Ma position me rapporte 6,000 fr. par an,... c'est vrai; mais si une mort prématurée vient me surprendre et m'enléve à ma famille !... que lui restera-t-il après ma mort?... Rien !... absolument rien. Eh bien! il faut que je trorve le moyen de lui économiser au moins 1,000 fr. par an.** »

N'est-ce pas là, Lecteurs, le raisonnement d'un vrai père de famille, d'un homme sensé et prévoyant? Ce moyen est donc tout trouvé : l'assurance pour la vie entière remplira parfaitement son but, en assurant sur sa tête 50,000 fr. exigibles à son décès.

Une fois cette assurance contractée , il pourra dormir tranquillement, car sa famille sera, dès ce jour-là, à l'abri du besoin , et tout souci disparaîtra en présence d'un tel acte.

Pour assurer un capital de   50,000 fr.
la prime annuelle à payer
est de   1,060 fr.

———————— EXEMPLE 2. ————————

Une personne , âgée de 30 ans, veut assurer sur sa tête un capital de 10,000 fr., payable lors de son décès à ses héritiers, à quelque époque que ce décès arrive ,   ci .   .   .   .   .   10,000 fr.

La prime annuelle à payer
est de   .   .   .   .   .   212 fr.

———————— EXEMPLE 3. ————————

Un négociant, âgé de 35 ans,

veut assurer une somme de
20,000 fr., payable à sa femme,
à son décès, ci . . .   20,000 fr.
    La prime annuelle à payer
    est de . . . . .   482 fr.

EXEMPLE 4.

A 36 ans, on peut assurer
un capital de 30,000 fr., ci.   30,000 fr.
moyennant une prime an-
nuelle de. . . . .   744 fr.

EXEMPLE 5.

Un notaire, âgé de 40 ans,
veut assurer sur sa tête un capital de 40,000 fr., payable à
ses ayants-droit, à son décès.
Ci . . . .   40,000 fr.
    La prime annuelle à payer
    est de . . . . .   1,128 fr.

—————— EXEMPLE 6. ——————

Un banquier, âgé de 41 ans, peut aussi assurer sur sa tête un capital de 50,000 fr., exigible à son décès,   ci .   .   .   .   50,000 fr.

moyennant une prime annuelle de. .   .   .   .   1,465 fr.

—————— EXEMPLE 7. ——————

Un négociant, âgé de 33 ans, veut assurer une somme de 60,000 fr., exigible à son décès. Ci .   .   .   .   60,000 fr.

La prime annuelle à payer est de. .   .   .   .   .   1,374 fr.

—————— EXEMPLE 8. ——————

A 34 ans, on peut assurer un capital de 70,000 fr., ci .   70,000 fr.

moyennant une prime an-
nuelle de . . . . 1,638 fr.

———— EXEMPLE 9. ————

Un médecin, âgé de 37 ans,
veut assurer une somme de
80,000 fr. , payable à ses
ayants-droit , à son décès.
Ci . . . . 80,000 fr.
La prime annuelle à payer
est de. 2,040

———— EXEMPLE 10. ————

Un père de famille, âgé de
38 ans, veut assurer sur sa
tête un capital de 90,000 fr.,
payable à ses enfants, à son
décès , ci. . . . . . 90,000 fr.
La prime annuelle à payer
est de. 2,367

———— EXEMPLE 11. ————

Un négociant, âgé de 39 ans, veut assurer sur sa tête un capital de 100,000 fr., payable à son décès, à sa femme ou à ses enfants, ci. . . . 100,000 fr.

    La prime annuelle à payer est de. 2,730

Les exemples ci-dessus sont calculés d'après les tarifs de la Compagnie **L'IMPÉRIALE**, rue de Rivoli, 182, à Paris.

N° 1.

TARIF des versements à effectuer — par prime unique — ou par primes annuelles — ou par fractions semestrielles de primes annuelles, pour qu'il soit payé le capital de **100 fr.** au décès de l'assuré, à quelque époque que ce décès arrive.

AGE.	PRIME unique.	PRIME annuelle.	FRACTION semestrielle.	AGE.	PRIME unique.	PRIME annuelle.	FRACTION semestrielle.
Ans.	fr. c.	fr. c.	fr. c.	Ans.	fr. c.	fr. c.	fr. c.
25	34 98	1 90	0 96	43	48 80	3 16	1 60
26	35 51	1 94	0 98	44	49 98	3 29	1 67
27	36 06	1 98	1 00	45	51 21	3 44	1 74
28	36 62	2 03	1 03	46	52 50	3 59	1 82
29	37 20	2 07	1 05	47	53 74	3 74	1 89
30	37 80	2 12	1 07	48	55 03	3 91	1 98
31	38 42	2 17	1 10	49	56 28	4 08	2 06
32	39 07	2 23	1 13	50	57 57	4 26	2 15
33	39 74	2 29	1 16	51	58 82	4 44	2 25
34	40 43	2 34	1 19	52	60 02	4 62	2 34
35	41 15	2 41	1 22	53	61 27	4 82	2 44
36	41 90	2 48	1 25	54	62 57	5 03	2 55
37	42 67	2 55	1 29	55	63 82	5 24	2 65
38	43 59	2 63	1 33	56	65 12	5 48	2 77
39	44 54	2 73	1 38	57	66 48	5 73	2 90
40	45 54	2 82	1 43	58	67 78	5 99	3 03
41	46 58	2 93	1 48	59	69 14	6 27	3 18
42	47 66	3 04	1 54	60	70 56	6 59	3 33

Vous avez dû remarquer, Lecteurs, que plus on est âgé, plus la prime annuelle est élevée. En effet, à 30 ans, on paie moins cher qu'à 39, puisqu'à 30 ans, la prime annuelle pour un capital de 100,000 fr. n'est que de 2,120 fr., tandis qu'à 39 ans, elle est de 2,730 fr., différence de 610 fr.

CHAPITRE II.

Assurance pour la vie entière,
moitié sur la tête du mari, et
moitié sur celle de la femme.

L'assurance sur la vie entière peut être contractée aussi bien sur la tête de la femme que sur celle du mari.

On peut faire également deux contrats, l'un sur la tête du mari, et l'autre sur celle de la femme, au profit l'un de l'autre.

Ce mode est très-usité dans certaines localités, et, à vrai dire, c'est une des meilleures opérations que les époux, même sans enfants, puissent réaliser, non-seulement dans l'intérêt de la communauté, mais encore pour se garantir mutuellement un capital quelconque , payable , au premier décès de l'un d'eux, au survivant.

Prenons pour exemple un jeune ménage, et supposons qu'il veuille s'assurer une somme de 50,000 fr. , dont 25,000 fr. sur la tête du mari , et 25,000 fr. sur celle de la femme, au profit l'un de l'autre.

Or, si le mari vient à mourir le premier , c'est la femme qui touchera les 25,000 fr. assurés sur la tête de celui-là, et les 25,000 fr. assurés sur la tête de celle-ci, ce sont les héritiers de cette dernière qui les toucheront, à son décès.

Si, au contraire, le mari survit à sa femme, c'est lui qui touchera les 25,000 fr. assurés sur la tête de cette dernière , et les 25,000 fr. assurés sur la sienne, ce sont ses ayants-droit qui les toucheront, à sa mort.

Il est à remarquer aussi que, dans le cas où il n'existerait pas d'enfants, le survivant

ne serait pas tenu de continuer son contrat ;
il serait libre de le résilier, ou de le conver-
tir, soit en une rente viagère différée, soit
en une assurance mixte ou en cas de vie,
pour en jouir lui-même, au bout d'un certain nombre d'années.

Nous allons vous donner quelques exemples, en commençant par le jeune ménage
qui nous a servi d'explication.

——————— MÉNAGE 1. ———————

Deux époux, nouvellement mariés, dont
le mari est âgé de 30 ans, la femme de 25,
veulent assurer un capital de 50,000 fr.,
dont 25,000 fr. sur la tête de l'un, et
25,000 fr. sur celle de l'autre.

Pour assurer 25,000 fr.
sur la tête du mari, ci . .   25,000 fr.
  la prime annuelle à payer
    est de.   .   .   .   .   .   530 fr.

Et pour assurer 25,000 fr.
sur la tête de la femme,
ci. .   .   .   .   .   .   25,000 fr.
la prime annuelle à payer
est de.   .   .   .   .   .   475 fr.

————— MÉNAGE 2. —————

A l'âge de 45 ans, le mari
peut assurer sur sa tête un
capital de 10,000 fr., au profit
de sa femme,   ci   .   .   .   10,000 fr.
moyennant une prime an-
nuelle de.   .   .   .   .   344 fr.

La femme, âgée de 32 ans,
peut assurer la même somme
de 10,000 fr., au profit de son
mari ,   ci.   .   .   .   .   .   10,000 fr.
moyennant une prime an-
nuelle de.   .   .   .   .   223 fr.

———— MÉNAGE 3. ————

A l'âge de 52 ans, le mari peut assurer sur sa tête, au profit de sa femme, un capital de 10,000 fr. ,   ci. . . . **10,000 fr.**

moyennant une prime annuelle de. **462**

La femme, âgée de 48 ans, peut aussi assurer une somme de 10,000 fr., au profit de son mari , ci. . . . . . . **10,000 fr.**

moyennant une prime annuelle de. **391**

———— MÉNAGE 4. ————

Le mari, âgé de 31 ans, veut assurer sur sa tête un capital de 50,000 fr., au profit de sa femme , payable , lors de son décès, à celle-ci, ci . . . . 50,000 fr.

La prime annuelle à payer
est de. 1,085

La femme, âgée de 26 ans,
peut également assurer la
somme de 50,000 fr., dans
les mêmes conditions que celles
du mari, payable à celui-ci,
à sa mort, ci. . . . . 50,000 fr.

moyennant une prime an-
nuelle de. 970

—————— MÉNAGE 5. ——————

Le mari est âgé de 56
ans ; il veut assurer un capital
de 5,000 fr., au profit de sa
femme, ci. . . . . . 5,000 fr.

La prime annuelle à payer
est de. 274

La femme, âgée de 54 ans,
veut assurer une pareille somme

de 5,000 fr., au profit de son
mari, ci. . . . .   **5,000 fr.**
La prime annuelle à payer
est de. **222**

MÉNAGE 6.

A l'âge de 47 ans, le mari
peut assurer un capital de
10,000 fr., au profit de sa
femme, ci. . . . .   **10,000 fr.**
moyennant une prime an-
nuelle de. **374**

La femme, âgée de 42 ans,
veut aussi assurer une somme
de 10,000 fr., au profit de son
mari, ci . . . .   **10,000 fr.**
La prime annuelle à payer
est de. **304**

Nous avons appliqué aux
exemples qui précèdent, les

tarifs ci-dessus qui sont ceux de la Compagnie **L'IMPÉRIALE**.

. . . .

. . . .

Nous vous ferons observer que l'assurance pour la vie entière participe aux bénéfices de la Société.

La quote-part qui revient à chaque assuré, peut être de 3 ou 4 p. 0/0, etc.; elle est subordonnée aux bénéfices annuels de la Société, et est répartie, chaque année, entre les assurés. Ce mode de répartition est adopté par l'**IMPÉRIALE**.

———

L'IMPÉRIALE fait aussi l'assurance au profit du survivant désigné de deux personnes.

Elle fait également les assurances temporaires.

Pour ces genres d'opérations, voir les tarifs de la Compagnie, les demander directement à l'Administration, rue de Rivoli, 182, à Paris.

CHAPITRE III.

Assurance pour la vie entière,
avec jouissance de l'intérêt des
primes.

La combinaison avec jouissance de l'intérêt à 3 pour 0/0 des primes, versées par annuités, qui est aussi l'assurance pour la vie entière, a beaucoup de succès, en ce moment, dans certaines localités.

Outre les 3 p. 0/0 garantis par la Compagnie, elle participe également aux bénéfices de la Société, comme la combinaison de l'assurance simple pour la vie entière.

Il est vrai que, dans la combinaison avec réserve de l'intérêt à 3 p. 0/0, les primes

annuelles sont un peu plus élevées que dans
la première.

Un exemple suffira pour vous faire comprendre cette opération, qui se recommande
à votre juste appréciation.

Un père de famille, âgé de 30 ans, veut
assurer sur sa tête un capital de 100,000 fr.,
exigible à son décès, afin que le montant
intégral en soit payé, moitié à sa femme,
moitié à ses enfants,

    ci. . . . .   100,000 fr.

    La prime annuelle à payer

      est de.   3,070

Cette somme de 3,070 fr. rapportera,
chaque année, 3 0/0 d'intérêt garantis par la
Compagnie, et, de plus, elle participe aux
bénéfices de la Société, ainsi que nous l'avons
dit plus haut.

Admettons pour un instant la participation
de 3 p. 0/0 (c'est ce que l'IMPÉRIALE a donné
les deux dernières années), et les 3 p. 0/0

garantis par le contrat; donc, la somme de 3,070 fr. rapportera 6 p. 0/0 d'intérêt, à partir de la seconde année, car la participation n'a son effet qu'à cette époque.

Pour assurer 100,000 fr.,

ci.	100,000 fr.
la première prime annuelle à payer sera de	3,070
la deuxième prime, intérêt déduit, sera de .	2,977 fr. 90
la troisième prime, avec participation, sera de.	2,799 fr. 23
la quatrième prime, avec participation, sera de.	2,631 fr. 28

Et ainsi des autres.

Comme vous le voyez, la prime annuelle diminue progressivement d'année en année, et, arrivée à un temps donné, elle s'éteint pour ainsi dire complètement.

Voilà donc ce père prévoyant et économe qui a atteint son but; s'il a le bonheur de vivre de longues années , non-seulement la prime annuelle s'éteindra, mais il touchera, chaque année, une rente viagère provenant des 3 p. 0/0 garantis et de la participation aux bénéfices.

Une fois cette opération bien comprise, nous ne doutons pas un seul instant que vous ne vous empressiez de la considérer comme chose utile et même indispensable, à l'avenir des personnes auxquelles vous vous intéressez.

N° 2.

TARIF des versements à effectuer par primes annuelles—
ou par fractions semestrielles de primes annuelles, pour
qu'il soit payé : — 1° A qui de droit, le capital de 100 fr.
au décès de l'assuré, à quelque époque que ce décès
arrive ; — 2° Et à cet assuré lui-même, tant qu'il vivra,
une rente croissante égale à l'intérêt des primes versées.

AGE.	PRIMES ANNUELLES PAYABLES		AGE.	PRIMES ANNUELLES PAYABLES	
	par versements annuels.	en deux fractions semestrielles. Montant de chacune d'elles.		par versements annuels.	en deux fractions semestrielles. Montant de chacune d'elles.
Ans.	fr. c.	fr. c.	Ans.	fr. c.	fr. c.
25	2 81	1 42	43	4 35	2 20
26	2 85	1 44	44	4 52	2 29
27	2 90	1 47	45	4 70	2 38
28	2 95	1 50	46	4 90	2 48
29	3 01	1 52	47	5 10	2 58
30	3 07	1 55	48	5 31	2 69
31	3 13	1 58	49	5 52	2 79
32	3 19	1 62	50	5 75	2 91
33	3 26	1 65	51	5 97	3 02
34	3 32	1 68	52	6 18	3 13
35	3 40	1 72	53	6 41	3 25
36	3 48	1 76	54	6 67	3 37
37	3 56	1 80	55	6 91	3 50
38	3 67	1 86	56	7 18	3 64
39	3 79	1 92	57	7 48	3 79
40	3 91	1 98	58	7 77	3 93
41	4 05	2 05	59	8 09	4 10
42	4 19	2 12	60	8 44	4 27

CHAPITRE IV

Assurance mixte.

L'assurance mixte est l'assurance en cas de vie et en cas de mort.

On la contracte ordinairement pour une durée de 10, 15, 20, 25 ou 30 années.

Si l'assuré vit à l'époque déterminée, c'est-à-dire, à l'expiration du délai fixé, il touchera lui-même le montant intégral de la somme assurée. Si, au contraire, il vient à mourir avant l'échéance du terme fixé, le montant de l'assurance sera payé à ses ayants-droit, lors de son décès.

Cette heureuse combinaison atteint deux buts : elle met à l'abri du besoin les personnes qui survivent à l'assuré , dans le cas où celui-ci viendrait à décéder avant l'expiration du contrat ; s'il est vivant à l'époque de l'échéance du terme fixé, il touchera lui-même le montant de l'assurance.

Ce dernier mode est généralement adopté par des personnes dont l'égoïsme triomphe souvent des sentiments même les plus affectueux. En effet, on aime mieux recevoir soi-même, à une époque fixée, le montant du capital assuré que de se dire : « J'ai » souscrit une assurance pour la vie entière, » mes héritiers en toucheront le montant à » mon décès. » Il est vrai, hâtons-nous de le dire, que ce n'est pas l'opinion de tout le monde, bien que ce soit un peu la manière de voir de certaines personnes.

L'assurance mixte ne participe pas aux bénéfices de la Société, du moins à l'IMPÉ-

RIALE. Cette Compagnie a adopté deux combinaisons d'assurances mixtes.

Quelques exemples suffiront pour vous faire apprécier les avantages de ces ingénieuses combinaisons, et nous fourniront les explications qui nous paraîtront utiles dans l'intérêt général.

PREMIÈRE COMBINAISON.

EXEMPLE 1.

Un père de famille, âgé de 35 ans, veut assurer sur sa tête, un capital de 10,000 fr., payable à lui-même dans 20 ans,

s'il est vivant à cette époque,
et, dans le cas où il viendrait à
mourir avant le délai fixé, il
veut que ce capital soit payé à sa
femme, ci . . . . 10,000 fr.

La prime annuelle à payer
pendant 20 années est
de. 342
____

N'eût-il versé qu'une seule fois la prime annuelle de 342 fr., les 10,000 fr. seraient intégralement payés à sa femme, seulement à l'expiration des 20 années, délai fixé par le contrat.

Le paiement des primes annuelles cesse à partir du décès de l'assuré.

Cette opération offre le moyen le plus efficace pour la constitution de la dot d'un enfant, quel que soit son âge. L'assurance peut être contractée sur la tête du père ou de la mère, ou même d'un tiers, etc.

—————— EXEMPLE 2. ——————

Un jeune magistrat, père d'un charmant enfant, âgé actuellement d'un an, veut constituer à cet enfant une dot de 50,000 fr., pour qu'il la touche à sa 21me année.

Ce père prudent, redoutant les funestes conséquences d'un décès prématuré, veut, dans ce cas, que l'enfant touche quand même les 50,000 fr., à l'expiration du contrat, sans être obligé de continuer les versements des primes annuelles.

Son but sera atteint, en souscrivant une assurance mixte de 50,000 fr., sur sa tête, payable à lui-même dans 20 années, s'il est vivant à cette époque ; dans le cas où il n'existerait plus à l'échéance du terme fixé, les 50,000 fr. seraient exactement payés à l'enfant, et les primes annuelles cesseront à partir du décès de l'assuré, ainsi que nous l'avons dit plus haut.

Supposons ce jeune magis-
trat âgé de 30 ans ; donc, pour
assurer 50,000 fr.,   ci. .   50,000 fr.

la prime annuelle à payer

    est de   1,685

N'eût-il payé qu'une seule fois la prime
annuelle de 1,685 fr., les 50,000 fr. n'en
seraient pas moins exactement payés à l'enfant, à l'expiration du contrat, et, en cas de
décès de celui-ci , ils seraient payés aux
ayants-droit , de sorte que rien ne serait
perdu pour la famille.

--- **EXEMPLE 3.** ---

Un avoué, âgé de 32 ans,
veut aussi assurer un capital
de 60,000 fr., pour toucher
lui-même dans 20 ans, et, dans
le cas où il viendrait à mourir
avant l'expiration du délai fixé,
il veut que ce capital soit payé
à son enfant, âgé actuellement

de 2 ans , ci. .   .   .   .   60,000 fr.

La prime annuelle à payer
       est de   2,034

Les exemples ci-dessus peuvent servir de modèles aux personnes qui voudront s'assurer.

N° 3.

TARIF des primes annuelles à verser pour une assurance de 100 fr. payable au bout d'un temps donné, et non auparavant.

AGE de l'assuré	TERME FIXÉ				
	10 ans.	15 ans.	20 ans.	25 ans.	30 ans.
ans.	fr. c.	fr. c.	fr. c.	fr. c.	fr. c.
25	8 13	4 93	3 35	2 43	1 84
26	8 13	4 93	3 35	2 43	1 85
27	8 14	4 93	3 36	2 44	1 86
28	8 14	4 92	3 36	2 45	1 87
29	8 15	4 92	3 36	2 46	1 88
30	8 15	4 92	3 37	2 47	1 89
31	8 15	4 93	3 38	2 48	1 91
32	8 15	4 94	3 39	2 49	1 92
33	8 14	4 94	3 40	2 51	1 94
34	8 14	4 95	3 41	2 52	1 95
35	8 14	4 96	3 42	2 53	1 97
36	8 13	4 97	3 44	2 56	2 16
37	8 11	4 99	3 46	2 58	2 35
38	8 10	5 01	3 48	2 60	2 54
39	8 09	5 03	3 50	2 62	2 73
40	8 17	5 04	3 53	2 65	2 91
41	8 21	5 08	3 56	2 69	2 80
42	8 25	5 12	3 60	2 73	2 67
43	8 29	5 16	3 64	2 77	2 55
44	8 32	5 20	3 68	2 81	2 44
45	8 36	5 24	3 72	2 85	2 31
46	8 42	5 30	3 78	2 92	
47	8 48	5 36	3 84	2 98	
48	8 55	5 41	3 90	3 04	
49	8 61	5 47	3 96	3 11	
50	8 67	5 53	4 02	3 17	

DEUXIÈME COMBINAISON.

La deuxième combinaison diffère de la première , en ce sens que le capital assuré est immédiatement payé aux bénéficiaires ou ayants-droit, dans le cas où la personne, sur la tête de laquelle l'assurance repose, viendrait à mourir avant l'échéance du terme fixé, tandis que, dans la première combinaison, le capital n'est exigible qu'à l'expiration du contrat, même en cas de mort prématurée.

EXEMPLE 1.

Un avocat, âgé de 36 ans, veut assurer sur sa tête, un capital de 20,000 fr., payable à

lui-même dans 20 ans, et, dans
le cas où il n'existerait plus à
cette époque, à ses héritiers
naturels, aussitôt après son
décès, ci . . . .   20,000 fr.

La prime annuelle à payer
est de   778

-------- EXEMPLE 2. --------

Un avoué, âgé de 40 ans,
veut assurer un capital de
30,000 fr., payable à lui-même
dans 25 ans, s'il est vivant
à cette époque, et, dans le
cas contraire, moitié à sa
femme et moitié à ses enfants,
immédiatement après son décès,
ci . . . .   30,000 fr.

La prime annuelle à payer
est de   1,005

———— EXEMPLE 3. ————

A l'âge de 30 ans, on peut assurer une somme de 40,000 fr., payable à l'assuré dans 30 ans ; et, en cas de décès prématuré de celui-ci, avant l'expiration du délai fixé, à ses

 ayants-droit, ci. . . 40,000 fr.

 La prime annuelle à payer est de 1,024

On peut assurer des sommes de toute importance, depuis 1,000 fr. jusqu'à 100,000, et plus.

On peut faire également deux contrats, comme pour l'assurance pour la vie entière.

Prenons, pour exemple, un jeune ménage, dont le mari est âgé de 34 ans, et la femme de 24.

Pour assurer 10,000 fr. sur la tête du mari, au profit de la

femme, dans le cas où il viendrait à mourir avant l'expiration du contrat, dont la durée
est fixée à 20 années, ci. .   10,000 fr.

     la prime annuelle à payer
est de.   385

     Et pour assurer 10,000 fr.
sur la tête de la femme, dans
les mêmes conditions que celles
du mari, et au profit de ce
dernier, ci . . . .   10,000 fr.

     la prime annuelle à payer
est de   377

N° 4.

TARIF des primes annuelles à verser pour une assurance de 100 fr., payable à l'assuré lui-même, s'il est vivant à un terme fixé, ou à ses héritiers à l'époque de son décès.

AGE	TERME FIXÉ.				
	10 ans	15 ans.	20 ans.	25 ans.	30 ans.
Ans.	fr. c.	fr. c.	fr. c.	fr. c.	fr. c.
25	8 34	5 25	3 77	2 94	2 45
26	8 35	5 25	3 77	2 95	2 48
27	8 36	5 26	3 77	2 96	2 48
28	8 37	5 26	3 78	2 97	2 51
29	8 37	5 26	3 79	2 99	2 53
30	8 37	5 27	3 80	3 01	2 56
31	8 37	5 26	3 81	3 03	2 58
32	8 36	5 26	3 82	3 04	2 60
33	8 36	5 26	3 83	3 07	2 64
34	8 36	5 27	3 85	3 09	2 67
35	8 36	5 28	3 87	3 12	2 71
36	8 33	5 28	3 89	3 15	
37	8 32	5 29	3 91	3 18	
38	8 33	5 32	3 95	3 23	
39	8 36	5 36	4 00	3 29	
40	8 39	5 40	4 05	3 35	
41	8 42	5 45	4 11		
42	8 46	5 50	4 17		
43	8 51	5 56	4 24		
44	8 56	5 64	4 32		
45	8 64	5 72	4 41		
46	8 73	5 81			
47	8 80	5 89			
48	8 90	5 99			
49	8 98	6 08			
50	9 07	6 19			

L'assurance mixte convient généralement aux pères de famille , aux magistrats , aux avocats, aux avoués, aux notaires, aux banquiers, aux médecins, aux auteurs , aux artistes , aux négociants, aux industriels , aux employés, en un mot, à toutes les positions qui ont une valeur professionnelle, etc., etc.

CHAPITRE V.

Nous entendons souvent dire par des
personnes qui sont ou dans le commerce,
ou dans les affaires privées : « L'assurance
» sur la vie est une bonne opération
» (pour ceux qui la comprennent); mais les
» affaires vont si mal, » ou « elles ne vont pas
» du tout, » ou « elles ne sont pas brillantes
» cette année ; pour nous assurer, nous
» attendrons l'année prochaine. » Et d'autres
disent : « Nous avons fait beaucoup de

» dépenses cette année pour frais d'instal-
» lation ou autres; nous verrons plus tard,
» dans six mois, dans un an : peut-être
» serons-nous dans une meilleure situa-
» tion. »

Oui! Lecteurs, il y a toujours quelque
chose qui vous fait reculer. Le véritable
motif, c'est que ces opérations ne vous sont
pas assez familières; car, l'année prochaine,
vous ne serez peut-être pas plus riches, ni
dans une meilleure situation!... Si, vous
aurez quelque chose de plus, vous aurez
vieilli d'un an, et vous n'êtes-pas sûrs
d'être encore de ce monde !...

Combien n'y en a-t-il pas qui manquent
à l'appel, à la fin de chaque année! et
cependant ils laissent, peut-être, une famille
chérie, quelquefois même dans une position
critique et dépourvue du nécessaire! S'ils
avaient contracté une assurance pour la vie
entière, en rapport avec leur position pri-
mitive, telle qu'elle était avant le moment

fatal, le montant intégral en aurait été payé à leurs ayants-droit, etc.

Pour vous faire encore mieux apprécier l'importance de l'assurance sur la vie, de manière que vous soyez parfaitement convaincus de son efficacité, nous allons vous citer une lettre de Mme veuve Brenon , de Metz, par laquelle cette dame remercie la compagnie l'IMPÉRIALE, de l'empressement qu'elle a mis à payer les 10,000 fr., assurés à son profit, sur la tête de M. Brenon, son mari, décédé.

Cette lettre a paru dans trois journaux de Metz : le *Courrier,* le *Moniteur* et le *Vœu national*.

La voici textuellement :

« Metz, le 12 Mai 1862.

» Monsieur le Rédacteur,

» Permettez-moi, Monsieur, d'avoir re-
» cours à votre estimable journal, pour
» exprimer toute ma reconnaissance à la
» Compagnie l'IMPÉRIALE, assurance sur

» la vie, rue de Rivoli, 182, à Paris, pour
» la manière loyale dont elle s'est acquittée
» à mon égard, en me comptant, en espèces,
» les 10,000 fr. qui étaient assurés à mon
» profit, sur la tête de M. Brenon, mon
» défunt mari, pour lesquels il n'a versé
» qu'une bien faible somme.

» C'est pourquoi, je me sers de votre
» journal, Monsieur le Rédacteur, afin de
» rendre publics les actes si loyaux et si
» honnêtes de cette honorable Compagnie,
» qui est aussi d'une extrême bienveillance
» pour ses assurés.

» De tels précédents méritent, à juste
» titre, non-seulement la confiance et l'estime
» publiques, mais une juste appréciation
» de ses heureuses combinaisons, qui sont
» à la portée de tout le monde et rendent
» d'immenses services.

» Agréez, Monsieur, etc.

» Veuve BRENON. »

Nous pourrions vous citer un grand nombre

d'autres lettres , si nous ne craignions
d'abuser de votre patience, et de tomber
dans une prolixité qui devient presque toujours monotone et ennuyeuse pour les lecteurs.

Mais, vous le voyez, cette lettre est très-
éloquente ; elle peut se passer de tout com-
mentaire ; elle doit faire réfléchir les personnes sérieuses et prévoyantes , qui ont du
goût pour l'épargne, surtout celles qui pensent
sérieusement à l'avenir de leur famille, à ce
précieux trésor que la Providence leur a
confié , comme un dépôt sacré !

Permettez-nous , Lecteurs , de vous le
répéter encore une fois : Voyez cette veuve
affligée du malheur qu'elle a éprouvé en
perdant son mari, son ami, son soutien !...
Ce malheur, quoique grand, se trouve un
peu atténué, du moins matériellement, par
l'assurance de 10,000 fr.; mais, hâtons-nous
de le dire, cette assurance ne peut consoler
la veuve de sa douleur bien légitime , ni

réparer la perte qu'elle a faite. C'est encore vrai, nous en convenons avec elle.

Cette perte, si grande qu'elle soit, ne serait-elle pas arrivée, quand même le défunt n'aurait pas été assuré? Evidemment si... Donc M. Brenon a eu raison ; il a fait un acte de sagesse et de prévoyance en souscrivant cette assurance de 10,000 fr., sur sa tête, au profit de sa femme et de ses enfants.

Il a payé, nous dira-t-on, une prime annuelle en rapport avec son âge, nous en convenons encore ; supposons un instant qu'il n'eût pas contracté d'assurance, il serait mort également, la veuve et les enfants n'auraient pas touché les 10,000 fr. Les primes annuelles qui ont été payées se seraient confondues dans les frais généraux, dans les dépenses de la maison, du ménage, de l'entretien, etc., tandis qu'en souscrivant une assurance du genre de celle dont nous venons de parler, on trouve le moyen d'économiser, de faire des épargnes malgré soi, pour ainsi dire, sans s'en apercevoir, tout en faisant les mêmes affaires, si l'on est dans le commerce ou dans l'industrie, ou dans toute autre position, quelle qu'elle soit, chacun dans sa sphère et selon ses moyens.

Oui, Lecteurs, l'assurance sur la vie est vraiment une belle institution, au point de vue moral et économique ; et, c'est dans ces institutions fécondes que l'on trouve réellement l'épargne qui arrive, par degrés progressifs, à sauvegarder l'avenir de ceux qui restent après la mort du chef de la famille.

Nous le voyons de la manière la plus évidente par l'assurance de M. Brenon. Suivons donc l'exemple de cet heureux époux, de ce père si économe et si prévoyant. Oui !... assurons-nous !... Ah ! vous n'êtes pas encore assez convaincus ! « Nous voulons
» bien nous assurer, dites-vous, mais nous
» avons besoin de consulter notre budget,
» de voir nos comptes de fin d'année, car
» il faut beaucoup d'argent, surtout si nous

» vivons longtemps. » C'est vrai, vous avez raison ; mais il y a deux choses importantes auxquelles vous n'avez pas songé : les bénéfices et la mort.

Quel est, en effet, celui qui peut dire : « Je » vivrai tant d'années !... » Personne.

Si la Providence vous accorde une grande longévité, la participation aux bénéfices viendra éteindre, en partie ou en totalité, les primes annuelles de votre assurance.

Vous vous dites encore, car nous devinons votre pensée : « Cette somme que nous » donnons annuellement pour l'assurance, » nous pourrions très-bien la placer nous- » mêmes, chez un notaire ou chez un ban- » quier, et elle nous rapporterait autant. » Non, cela n'est pas possible, et, d'ailleurs, vous ne le ferez pas.

Cependant, soyons généreux et impartial ; admettons que vous la placiez ainsi pendant deux ou trois années ; à l'expiration de la troisième, vous en aurez besoin pour

vos affaires courantes, ou vous vous laisserez
tenter par une spéculation qui vous offrira
quelque chance de bénéfice. Voilà donc cette
somme dans le domaine de la spéculation, il
n'en est plus question... Tandis que, si vous
contractez une assurance pour la vie entière,
ou une assurance mixte, en rapport avec votre
position, vous en payez la prime annuelle
comme si vous payiez un second loyer ou
autre chose, et, arrivés à une époque assez
éloignée ou au moment fatal, vous vous êtes
constitué un capital sans vous en apercevoir,
puisque vous avez fait les mêmes affaires,
vous n'avez dérogé en rien à vos habitudes,
vous avez vécu comme si vous n'aviez contracté aucune assurance; seulement, vous
avez trouvé le moyen d'économiser une
petite somme annuelle, qui a grossi d'année
en année, et a formé un capital qui vient,
à son tour, grossir votre succession d'autant.

Que vous contractiez ou non une assurance mixte ou pour la vie entière, vous

ne serez ni plus riches, ni plus pauvres au bout d'un certain nombre d'années. Si, au contraire, vous en contractez une et qu'elle soit de 20,000 fr., vous aurez 20,000 fr. de plus.

L'assurance sur la vie a quelque chose de grand, de noble, pour un père de famille qui désire que les personnes qui lui survivent, et qui lui sont chères, soient à l'abri du besoin.

Aussi, nous engageons fortement ceux de nos Lecteurs qui nous ont compris, à ne pas hésiter un seul instant à contracter une assurance mixte ou pour la vie entière.

Quand on a bien saisi cette opération, et après l'avoir faite, on éprouve une grande satisfaction, parce qu'on a accompli un devoir de conscience. Alors, on est content de soi-même et on peut se dire avec raison : « En » cas de mort prématurée, je laisse ma » femme et mes enfants à l'abri du besoin. » Ces réflexions si nobles et si élevées trouvent de l'écho dans le cœur d'un homme de bien, qui est digne de porter le nom d'époux et de père.

. . . .

. . . .

FIN DE LA PREMIÈRE PARTIE.

DEUXIÈME PARTIE

RENTES VIAGÈRES.

Nous avons peu de chose à dire sur les rentes viagères en général : ce sont des opérations tellement connues aujourd'hui, que l'usage en est devenu familier à bien des personnes. Néanmoins, nous allons en faire connaître l'application dans son vrai principe, en nous servant d'exemples, comme dans la première partie de notre exposé.

Ces exemples, qui seront à la portée de toutes les intelligences, en rendront l'application facile et feront ressortir les avantages qu'offrent aux rentiers les Compagnies d'assurances sur la vie.

Les rentes viagères immédiates et différées sont aussi de nature à prémunir contre les éventualités, à mettre à l'abri du besoin les personnes qui n'ont d'autre patrimoine que le fruit de leurs épargnes, pour se créer, dans un âge avancé, une existence heureuse qui permette d'attendre l'heure de la destinée que le Ciel réserve à chacun de nous, dans l'autre monde.

Personne n'ignore non plus que les Compagnies d'assurances sur la vie, ne paient, en ce moment, des arrérages fabuleux à d'innombrables rentiers. Il est vrai que ceux-ci ont, à leur tour, versé dans les caisses de ces Compagnies des capitaux équivalents, chacun suivant son âge, à la quotité de rente qu'ils reçoivent, calculée d'après les tarifs qui existent dans chacune de ces Compagnies.

Le contrat viager est donc, de nos jours, très-pratiqué, et les personnes qui connaissent les garanties matérielles et morales des Compagnies d'assurances sur la vie, de ces institutions fécondes, n'hésitent pas à leur confier leurs épargnes, et préfèrent, sans contredit, ce genre de placement, d'une sécurité parfaite, à tout autre contrat viager dont les garanties sont souvent illusoires.

Il est préférable, sous tous les rapports, au placement viager contracté avec un simple particulier ; car, il existe dans la nature même de ce placement deux éléments bien caractérisés, qui ne peuvent aller l'un sans l'autre, et qui sont cependant parfois séparés. Qu'arrive-t-il alors ? Une infinité d'inconvénients que nos Lecteurs connaissent aussi bien que nous, et qui sont plus ou moins désagréables pour les rentiers : tels que procès, discussions, poursuites diverses pour obtenir, le plus souvent, le paiement du terme échu des arrérages.

Ces deux éléments réunis forment ensemble la partie substantielle, qui est la condition la plus essentielle du contrat viager, sur la loyauté de laquelle il repose évidemment; mais soyons plus logique, plus explicite, et disons d'abord que les deux éléments dont nous parlons, sont tout simplement deux garanties bien distinctes : la garantie matérielle et la garantie morale.

Supposons qu'un simple particulier présente les garanties matérielles les plus larges, en immeubles, etc... Voilà une des principales conditions remplies; il ne manque plus que le complément, qui est la garantie morale ; mais si elle fait défaut...

Qu'arrivera-t-il ensuite?... Ce qu'on voit toujours dans des cas semblables. Quoique honnête homme dans le principe, ce particulier n'est pas moins poursuivi, malgré lui, par une idée fixe, qui est celle de la cupidité; il finit même par céder à l'instinct de l'avarice, qui ne lui laisse pas un moment de repos, et, chaque fois qu'il franchit le seuil de sa porte pour aller s'informer de la santé de son rentier, ou pour lui porter le terme échu de ses arrérages, il se dit tout bas, en s'interrogeant : « Vit-il encore ?... » Il est peut-être mort la nuit dernière !... » Il ajoute avec un soupir de désespoir : « Oh ! » il vit bien longtemps !... »

Une Compagnie anonyme ne tiendra jamais un pareil langage ; d'abord, elle ne le peut pas, par la raison qu'elle n'est pas un simple particulier, puisqu'elle existe sous la forme anonyme et se compose quelquefois de plusieurs milliers d'actionnaires.

Quant aux garanties, elles sont connues de tout le monde, et, pour édifier complètement nos Lecteurs sur ce point capital, nous les renvoyons aux dispositions préliminaires, au mot *Garanties*.

Voici l'ordre des matières que nous traiterons dans la seconde partie de notre exposé :

1º La rente viagère immédiate ;
2º La rente viagère différée ;

3° La rente viagère payable, soit à un survivant
désigné, soit à un survivant quelconque de
deux personnes ;

4° Capitaux différés, — Dotation des enfants ;

5° Caisses diverses, — Contre-assurances ;

6° Conclusion, — Préjugés.

CHAPITRE Ier.

Rente viagère immédiate.

La constitution de la rente viagère immédiate est très-simple : elle consiste d'abord à placer un capital quelconque à un taux en rapport avec l'âge du contractant.

La rente est payable par année, ou par semestre, ou par trimestre.

Quelques exemples suffiront pour faire comprendre à nos Lecteurs ce genre de placement, qui est très-usité et en même temps très-avantageux pour les époux sans enfants, les célibataires, les veufs ou veuves également sans enfants.

—————— **EXEMPLE 1.** ——————

Une personne, âgée de 65 ans,
veut se constituer une rente
viagère immédiate de 1,200 fr.,
payable par semestre, à partir
de la date du contrat, jusqu'à
son décès, ci . . . . . . 1,200 fr.
Le capital à verser est de. . 9,636 fr.

—————— **EXEMPLE 2.** ——————

A l'âge de 68 ans, on peut
se constituer une rente viagère
immédiate de 3,600 fr., payable
par semestre, ci. . . . . . 3,600 fr.
moyennant un capital de. . 25,686 fr.

—————— **EXEMPLE 3.** ——————

En versant un capital de. . 33,240 fr.
on peut se constituer, à

l'âge de 70 ans, une rente
viagère immédiate de 5,000 fr.,
ci . . . .   5,000 fr.

─────── EXEMPLE 4. ───────

À l'âge de 71 ans, on peut
se constituer une rente viagère
immédiate de 10,000 fr., payable
par semestre, à partir de la date
du contrat, jusqu'au décès du
contractant, ci . . . . .   10,000 fr.
moyennant un capital de. .   64,280 fr.

─────── EXEMPLE 5. ───────

Une personne, âgée de 74 ans,
veut se constituer une rente
viagère immédiate de 12,000 fr.,
payable par semestre, ci. .   12,000 fr.
Le capital à verser est de. .   70,200 fr.

TARIF des Rentes Viagères **IMMÉDIATES SUR UNE SEULE TÊTE**, payables :

AGES	PAR ANNÉE.		PAR SEMESTRE.		PAR TRIMESTRE.	
	PRIX de 100 fr. de rente.	TAUX ou rente p 100 fr	PRIX de 100 fr. de rente.	TAUX ou rente p. 100 fr.	PRIX de 100 fr. de rente.	TAUX ou rente de 100 fr
ans.	fr.	fr.	fr.	fr.	fr.	fr.
40	1425 40	7 01	1150 40	6 89	1162 90	6 83
41	1405 60	7 11	1430 60	6 99	1443 10	6 93
42	1384 90	7 22	1409 90	7 09	1422 40	7 03
43	1363 10	7 33	1388 10	7 20	1400 60	7 14
44	1340 30	7 46	1365 30	7 32	1377 80	7 25
45	1316 40	7 59	1341 40	7 45	1353 90	7 38
46	1291 30	7 74	1316 30	7 59	1328 80	7 52
47	1267 20	7 89	1292 20	7 73	1301 70	7 66
48	1241 90	8 07	1266 90	7 89	1279 40	7 81
49	1217 60	8 21	1242 60	8 04	1255 10	7 96
50	1192 10	8 38	1217 10	8 21	1229 60	8 13
51	1167 50	8 56	1192 50	8 38	1205 00	8 29
52	1144 00	8 74	1169 00	8 55	1181 50	8 46
53	1119 50	8 93	1144 50	8 73	1157 00	8 64
54	1093 80	9 14	1118 80	8 93	1131 30	8 83
55	1069 10	9 35	1094 10	9 14	1106 60	9 03
56	1043 30	9 58	1068 30	9 36	1080 80	9 25
57	1016 30	9 83	1041 30	9 60	1053 80	9 48
58	990 20	10 09	1015 20	9 85	1027 70	9 73
59	963 10	10 38	988 10	10 12	1000 60	9 99
60	934 60	10 69	959 60	10 42	972 10	10 28
61	904 90	11 05	929 90	10 75	942 40	10 61
62	873 80	11 44	898 80	11 12	911 30	10 97
63	843 30	11 85	868 30	11 51	880 80	11 35
64	811 40	12 32	836 40	11 95	848 90	11 78
65	778 00	12 85	803 00	12 45	815 50	12 26
66	745 10	13 42	770 10	12 98	782 60	12 77
67	715 72	13 97	740 70	13 50	753 20	13 27
68	688 50	14 52	713 50	14 01	726 00	13 77
69	663 30	15 07	688 30	14 52	700 80	14 26
70	639 80	15 63	664 80	15 04	677 30	14 76
71	617 80	16 18	642 80	15 55	655 30	15 26
72	597 30	16 74	622 30	16 07	634 80	15 75
73	578 10	17 29	603 10	16 58	615 60	16 24
74	560 00	17 85	585 00	17 09	597 50	16 73
75	543 00	18 41	568 00	17 60	580 50	17 22

La rente viagère immédiate peut être constituée aussi sur deux têtes, et payable sans réduction jusqu'au dernier décès.

─────── EXEMPLE 6. ───────

Deux époux, sans enfants, dont le mari est âgé de 67 ans, et la femme de 60, veulent se constituer une rente viagère immédiate de 3,000 fr., payable par semestre et sans réduction , jusqu'au dernier décès, ci. . 3,000 fr.

Le capital à verser est de. 32,573 fr. 28

─────── EXEMPLE 7. ───────

Deux autres époux, l'un âgé de 71 ans, l'autre de 69,

veulent aussi se constituer une rente viagère immédiate de 6,000 fr., payable par semestre, jusqu'au dernier décès, ci. . . . . . . 6,000 fr.

Le capital à verser est de. 51,107 fr. 32

On peut constituer des rentes viagères immédiates de toute importance, depuis 100 fr. jusqu'à 30,000 fr., et plus.

L'IMPÉRIALE paie, à domicile, les arrérages de ses rentiers, à l'échéance de chaque terme, avec la plus rigoureuse exactitude.

CHAPITRE II.

La rente viagère différée ne produit d'arrérages qu'à l'expiration du délai fixé, qui a ordinairement une durée de 5, 10, 15, 20, 25 ou 30 années.

Elle peut être contractée moyennant une prime annuelle en rapport avec la quotité de rente que l'on veut se constituer, calculée d'après les tarifs établis, en raison de l'âge du contractant.

Une fois l'échéance du terme fixé arrivée, les primes annuelles cessent, et la jouissance de la rente viagère commence à partir de cette époque.

EXEMPLE 1.

Un célibataire , âgé de 35 ans, vèut se constituer une rente viagère différée de 2,000 fr., pour en jouir dans 25 ans, ét payable par semestre jusqu'à sa mort, ci. **2,000 fr.**

La prime annuelle à payer pendant 25 années est de. **309 fr. 20**

EXEMPLE 2.

Un veuf, sans enfants, âgé de 40 ans, vèut se constituer une rente viagère différée de 6,000 fr., pour en jouir dans 20 ans, payable par semestre, ci. **6,000 fr.**

La prime annuelle à payer
pendant 20 années est
de . . . . 1,375 fr. 80

EXEMPLE 3.

Un employé d'une admi-
nistration civile, âgé de
42 ans, ayant une position
qui lui rapporte 12,000 fr.
par an, dépense, pour frais
d'entretien , de ménage ,
de loyer , etc., environ
6,000 fr. Il veut placer les
6,000 fr. restants de la manière suivante : 3,489 fr. 60 c.
en rentes sur l'Etat ou en obli-
gations de la Ville de Paris,
et 2,510 fr. 40 c. seront
consacrés à payer la prime
annuelle d'une rente viagère
différée de 12,000 fr., qu'il

s'est constituée pour en jouir dans 20 ans, et payable à lui-même par semestre, à partir de cette époque jusqu'à son décès,   ci . . . . . .   12,000 fr.

Il aura donc à verser 20 primes annuelles de 2,510 fr. 40 c. chacune,   ci . . . .   2,510 fr. 40

––––––––– EXEMPLE 4. –––––––––

Un négociant, célibataire, âgé de 45 ans, veut se constituer une rente viagère différée de 20,000 fr., pour en jouir dans 15 ans, et payable par semestre,   ci . . . . .   20,000 fr.

Il aura à payer 15 primes annuelles de 7,248 fr. chacune,   ci. . . .   7,248 fr.

———— EXEMPLE 5. ————

Un avoué, célibataire, âgé de 40 ans, peut aussi se constituer une rente viagère différée de 24,000 fr., pour en jouir dans 20 ans, et payable par semestre, jusqu'à son décès,   ci. . . . .   24,000 fr.

moyennant 20 primes annuelles de 5,503 fr. 20 c. chacune,   ci.. .   5,503 fr. 20

———— EXEMPLE 6. ————

Un notaire, veuf, sans enfants, âgé de 39 ans, veut se constituer une rente viagère différée de 18,000 fr., pour en jouir dans 15 ans, et payable par semestre, ci.   18,000 fr.

La prime annuelle à payer
pendant 15 années est
de . . . .   8,071 fr. 20

_______________ EXEMPLE 7. _______________

Un magistrat, veuf, sans
enfants, âgé de 48 ans, peut
également se constituer une
rente viagère différée de
15,000 fr., pour en jouir
dans 10 ans, et payable par
semestre,   ci. . . . .   15,000 fr.
moyennant 10 primes
annuelles de 10,413 fr.
chacune,   ci.. . .   10,413 fr.

_______________ EXEMPLE 8. _______________

Un commerçant, célibataire,
âgé de 38 ans, veut se constituer une rente viagère dif-

férée de 30,000 fr., pour en
jouir dans 20 ans, et payable à
lui-même par semestre, jusqu'à
son décès, ci . . . . . 30,000 fr.

Il aura à payer 20 primes
annuelles de 7,464 fr.
chacune, ci . . . . 7,464 fr.

TARIF DE LA RENTE VIAGÈRE DIFFÉRÉE PAYABLE PAR SEMESTRE.

PRIMES ANNUELLES A VERSER POUR JOUIR DE 100 FR. DE RENTE VIAGÈRE APRÈS UN DÉLAI DE :

AGE du Rentier. (Ans.)	5 ANS. (fr. c.)	10 ANS. (fr. c.)	15 ANS. (fr. c.)	20 ANS. (fr. c.)	25 ANS. (fr. c.)	30 ANS. (fr. c.)
0	208 39	120 74	69 49	43 97	29 22	19 92
1	286 79	125 14	71 23	44 80	29 64	20 14
2	291 76	126 58	71 73	44 91	29 64	20 09
3	293 54	127 12	71 67	44 82	29 53	19 97
4	296 29	127 14	71 48	44 63	29 34	19 79
5	296 85	126 89	71 17	44 37	29 12	19 00
6	296 98	126 44	70 79	45 05	28 87	19 39
7	296 22	125 84	70 35	43 72	28 59	19 15
8	295 33	125 16	69 87	43 37	28 30	18 90
9	294 08	124 40	69 37	43 00	28 00	18 64
10	292 62	123 58	68 84	42 61	27 69	18 37
11	290 92	122 73	68 28	42 20	27 36	18 08
12	288 94	121 82	67 72	41 78	27 02	17 79
13	287 19	120 97	67 18	41 36	26 68	17 48
14	285 20	120 18	66 60	40 92	26 32	17 16
15	283 36	119 20	66 02	40 48	25 95	16 83
16	281 53	118 32	65 45	40 04	25 56	16 48
17	279 66	117 43	64 85	39 58	25 16	16 13
18	277 96	116 62	64 26	39 11	24 75	15 76
19	276 40	115 78	63 66	38 63	24 32	15 38
20	274 45	114 84	63 01	38 10	23 86	14 98
21	272 92	113 98	62 39	37 58	23 40	14 58
22	271 03	113 04	61 72	37 02	22 91	14 17
23	269 40	112 07	61 02	36 43	22 39	13 74
24	267 61	111 10	60 29	35 81	21 86	13 31
25	265 58	109 99	59 50	35 15	21 81	12 87
26	263 52	108 91	58 09	34 47	20 74	12 42
27	261 57	107 80	57 83	33 76	20 16	11 96
28	259 26	106 58	56 92	33 00	19 57	11 49
29	257 10	105 36	55 97	32 23	18 96	11 01
30	254 69	104 01	55 03	31 43	18 33	10 53
31	252 25	102 61	53 89	30 60	17 69	10 04
32	249 70	101 12	52 78	29 75	17 08	9 55
33	251 29	101 38	52 56	29 53	16 81	9 31
34	248 45	99 70	51 45	28 62	16 14	8 80
35	245 48	97 96	50 20	27 72	15 46	8 28
36	242 11	96 03	48 90	26 79	14 76	7 75
37	238 59	94 11	47 57	25 84	14 06	7 23
38	234 82	92 05	46 22	24 88	13 35	6 70
39	230 89	89 94	44 84	23 91	12 63	6 19
40	226 82	87 78	43 45	22 93	11 90	5 77
41	222 42	85 54	42 03	21 92	11 17	
42	217 91	83 28	40 61	20 92	10 43	
43	213 24	81 01	39 16	19 91	9 70	
44	208 47	78 70	37 71	18 88	8 98	
45	203 68	76 40	36 24	17 84	8 40	
46	198 82	74 09	34 77	16 80		
47	193 96	71 77	33 27	15 75		
48	189 15	69 42	31 76	14 70		
49	184 33	67 07	30 23	13 66		
50	179 50	64 69	28 08	12 83		
51	174 70	62 30	27 11			
52	169 85	59 84	25 52			
53	164 85	57 33	23 92			
54	159 79	54 77	22 32			
55	154 63	52 17	21 08			
56	149 49	49 48				
57	143 97	46 75				
58	138 44	44 01				
59	132 67	41 26				
60	126 82	39 16				
61	120 74					
62	114 54					
63	108 38					
64	102 23					
65	97 74					

La combinaison de la rente viagère différée est à la portée de toutes les positions indistinctement, et se prête à toutes les exigences.

On peut constituer des rentes viagères différées de toute importance, depuis 50 fr. jusqu'à 30,000 fr., et plus.

La rente viagère différée peut être constituée également sur deux têtes.

Deux époux, sans enfants, par exemple, peuvent se constituer une rente viagère différée de 3, 4, 5 ou 6,000 fr., pour en jouir dans 15 ou 20 ans, payable par année ou par semestre, à partir de l'échéance du délai fixé par le contrat, jusqu'au décès du dernier survivant.

Pour ce dernier exemple, il y a un tarif spécial, et les personnes qui désireront le connaître, pourront le demander directement à l'Administration de L'IMPÉRIALE, rue de Rivoli, 182, à Paris.

CHAPITRE III.

1° Au profit du survivant désigné.

—————— EXEMPLE 1. ——————

Un fonctionnaire de l'Etat, âgé de 50 ans, qui aura droit à la retraite à 54 ans ; s'il venait à mourir avant cette époque, sa femme serait privée de la part de retraite que la loi lui accorde ; il veut donc parer à cette éventualité en

souscrivant une rente viagère
de 1,000 fr. , au profit de
celle-ci, ci . . . . . . 1,000 fr.
  moyennant une prime an-
  nuelle de 397 fr. 70 c.,
  en la supposant âgée de
  35 ans, ci . . . . . 397 fr. 70

——————— EXEMPLE 2. ———————

Un médecin, âgé de 30 ans,
soutien de sa mère, âgée de
60 ans, voulant la mettre à
l'abri du besoin ou de la gêne,
dans le cas où il viendrait à
mourir avant elle, lui assure
une rente viagère de 2,000 fr.,
  ci . . . . 2,000 fr.
La prime annuelle à payer
  est de . . . . . . 164 fr. 20

N° 7.

TARIF des Primes **annuelles** à payer pour obtenir **100 fr.** de Rente viagère payable à **B, rentier** désigné, au décès de A, contractant.

AGE de A contractant.	AGE CORRESPONDANT DE B, *rentier désigné.*								
	20 ans.	25 ans.	30 ans.	35 ans.	40 ans.	45 ans.	50 ans.	55 ans.	60 ans.
Ans.	fr. c.	fr. c.	fr. c	fr. c.	fr. c.	fr. c.	fr. c.	fr. c.	fr. c.
25	19 21	17 87	16 45	14 99	13 49	12 01	10 61	9 24	7 87
30	21 58	19 99	18 29	16 52	14 71	13 01	11 28	9 72	8 21
35	24 85	23 00	20 96	18 78	16 54	14 37	12 32	10 41	8 62
40	30 12	27 95	25 52	22 84	20 02	17 23	14 61	12 16	9 87
45	38 53	36 01	33 18	29 82	26 25	22 64	19 19	16 06	12 90
50	50 13	47 22	43 75	39 77	36 30	30 65	26 11	21 76	17 66
55	64 04	60 70	56 65	51 84	46 34	40 47	34 57	28 80	23 26
60	83 18	79 31	74 57	68 80	61 98	54 56	46 95	39 28	31 68
65	113 29	108 69	103 01	95 91	87 28	77 70	67 70	57 53	46 86
70	156 43	150 78	143 85	135 03	123 97	111 40	98 27	84 46	69 94
75	213 21	206 89	198 32	187 35	173 18	156 69	139 32	121 17	101 44

2° *Au profit d'un survivant quelconque.*

EXEMPLE 3.

Deux époux, l'un âgé de 30 ans, et l'autre de 23, veulent assurer à celui des deux qui survivra à l'autre, une rente viagère de 3,000 fr., ci.   3,000 fr.

La prime annuelle à payer est de . . . . .   1,093 fr. 20

CHAPITRE IV.

Capitaux différés ou assurance en cas de vie

L'assurance en cas de vie est, pour ainsi dire, identique à la rente différée, c'est-à-dire, au lieu de toucher le terme des arrérages d'une rente viagère différée, à l'expiration de la durée fixée par le contrat, on reçoit un capital.

Pour que nos Lecteurs soient à même d'apprécier ce genre d'opérations, qui est aussi d'une importance capitale, nous allons donner également quelques exemples, qui seront de nature à en démontrer l'utilité, et à en rendre l'application facile.

——————— EXEMPLE 1. ———————

Un célibataire , âgé de
35 ans, veut assurer sur sa
tête, un capital de 30,000 fr.,
payable à lui-même, dans
20 ans, ci. . . . . .   30,000 fr.

    La prime annuelle à payer
pendant 20 années est
de . . . .   716 fr. 40

——————— EXEMPLE 2. ———————

A l'âge de 45 ans, on peut
assurer un capital de 50,000
fr., exigible dans 15 ans, ci.   50,000 fr.

    moyennant une prime an-
nuelle de . . . . .   1,087 fr. 50

──────── **EXEMPLE 3.** ────────

Un veuf, sans enfants, âgé
de 36 ans, veut assurer un
capital de 80,000 fr., payable
à lui-même, dans 20 ans, ci.   80,000 fr.
La prime annuelle à payer
pendant 20 années est
de 1,888 fr.80

──────── **EXEMPLE 4.** ────────

A l'âge de 34 ans, on peut
assurer un capital de 100,000
fr., exigible dans 20 ans, ci.   100,000 fr.
moyennant 20 primes an-
nuelles de 2,407 fr. cha-
cune . . . . .   2,407 fr.

Assurance de 1.000 fr. payable EN

DÉLAIS.

AGE.	5 ANS.		10 ANS.		15 ANS.	
	prime unique	prime annu.^{lle}	prime unique	prime annu.^{lle}	prime unique	prime annu.^{lle}
Ans.	fr. c.	fr. c.	fr. c.	fr. c.	fr. c.	fr. c.
15	752 12	167 94	560 35	71 53	416 36	49 30
16	750 04	167 75	558 52	71 45	414 76	40 25
17	748 82	167 56	557 31	71 38	413 62	40 20
18	747 58	167 38	556 09	71 30	412 47	40 14
19	746 31	167 19	554 84	71 23	411 30	40 09
20	745 03	167 01	553 58	71 15	410 11	40 03
21	744 66	166 95	552 99	71 10	409 41	40 02
22	744 26	166 90	552 38	71 05	408 68	40 01
23	743 87	166 84	551 75	71 00	408 57	40 00
24	743 46	166 79	550 99	70 95	408 44	39 99
25	743 03	166 73	550 47	70 90	408 31	39 98
26	742 62	166 66	549 80	70 91	408 18	39 98
27	742 18	166 60	549 12	70 91	408 04	39 98
28	741 74	166 54	549 25	70 92	407 91	39 98
29	741 29	166 48	549 38	70 92	407 77	39 98
30	740 83	166 42	549 52	70 92	407 62	39 98
31	740 37	166 48	549 65	70 93	407 48	39 88
32	739 87	166 53	549 79	70 94	406 65	39 79
33	740 50	166 59	549 94	70 95	485 82	39 69
34	741 12	166 64	550 08	70 96	404 28	39 60
35	741 76	166 70	550 23	70 97	402 70	39 50
36	742 41	166 67	550 38	70 80	400 39	39 20
37	743 08	166 64	549 63	70 62	397 31	38 91
38	742 06	166 61	548 04	70 44	393 56	38 61
39	742 23	166 58	545 50	70 26	389 74	38 32
40	741 79	166 55	542 90	70 08	385 11	38 02
41	741 36	166 22	539 31	69 64	380 38	37 65
42	739 67	165 88	534 67	69 19	375 54	37 27
43	737 95	165 55	529 94	68 75	369 84	36 90
44	734 97	165 21	525 10	68 30	364 02	36 52
45	731 88	164 88	519 17	67 86	358 06	36 15
46	727 47	164 23	513 09	67 38	351 96	35 75
47	722 86	163 59	507 72	66 91	346 30	35 36
48	718 14	162 94	501 18	66 44	339 68	34 96
49	714 47	162 30	495 30	65 97	333 45	34 57
50	709 36	161 65	489 23	65 50	327 03	34 17

CAS DE VIE, après un délai donné.

DÉLAIS :

AGE.	20 ANS.		25 ANS.		30 ANS.	
	prime unique	prime annu.^{lle}	prime unique	prime annu.^{lle}	prime unique	prime annu.^{lle}
Ans.	fr. c.	fr. c.	fr. c.	fr. c.	fr. c.	fr. c.
15	308 45	25 31	228 79	16 88	169 72	11 64
16	307 07	25 35	227 97	16 87	169 01	11 61
17	306 03	25 39	227 40	16 86	168 20	11 57
18	305 43	25 43	226 83	16 84	167 30	11 53
19	304 82	25 47	226 25	16 83	166 28	11 49
20	304 20	25 50	225 05	16 81	165 15	11 45
21	303 95	25 43	225 33	16 77	163 92	11 36
22	303 69	25 37	224 63	16 72	162 37	11 26
23	303 43	25 30	223 91	16 67	160 80	11 16
24	303 16	25 24	222 81	16 62	159 19	11 06
25	302 88	25 17	221 67	16 57	157 25	10 96
26	302 60	25 11	220 13	16 43	155 26	10 81
27	301 81	25 04	218 17	16 30	153 24	10 67
28	301 01	24 98	216 17	16 16	150 86	10 53
29	299 69	24 91	214 12	16 03	148 44	10 39
30	298 33	24 85	211 63	15 89	145 96	10 25
31	296 43	24 66	209 07	15 70	143 42	10 70
32	293 95	24 46	206 47	15 50	140 83	9 90
33	291 43	24 27	203 39	15 31	137 85	9 72
34	288 85	24 07	200 24	15 11	134 81	9 55
35	285 66	23 88	197 02	14 92	131 70	9 37
36	282 40	23 61	193 72	14 68	128 17	8 95
37	279 06	23 33	190 34	14 44	124 23	8 52
38	274 67	23 06	186 16	14 20	119 66	8 09
39	270 18	22 78	181 90	13 96	114 65	7 66
40	265 61	22 51	177 55	13 72	109 18	7 23
41	260 93	22 19	172 64	13 34	103 59	6 98
42	256 15	21 87	167 17	12 96	97 52	6 74
43	250 67	21 55	161 12	12 58	91 31	6 50
44	245 13	21 23	154 46	12 20	84 97	6 26
45	239 35	20 91	147 18	11 82	78 49	6 02
46	232 88	20 41	139 73	11 29		
47	226 02	19 90	131 85	10 75		
48	218 34	19 39	123 74	10 21		
49	210 16	18 88	115 02	9 67		
50	204 10	18 37	107 25	9 13		

DOTATION DES ENFANTS.

L'assurance en cas de vie est généralement adoptée pour la constitution des dots des enfants : c'est le mode qui flatte le plus les pères de famille.

EXEMPLE 1.

Un père de famille veut constituer, sur la tête de son enfant, âgé de 1 an, un petit capital de 3,000 fr., qu'il

touchera quand il aura atteint
sa 20ᵐᵉ année,   ci . . .   3,000

   La prime annuelle à payer
pendant 19 années est de .   83 fr. 43

————— EXEMPLE 2. —————

   Un avocat, père de deux
enfants, dont l'un est âgé de
2 ans, et l'autre de 6 mois,
veut assurer à chacun d'eux
un capital de 10,000 fr., exigible à leur 20ᵐᵉ année.

   Celui qui est âgé de 2 ans,
   aura pour 10,000 fr., ci.   10,000 fr.
18 versements à faire,
   chacun de 306 fr. 50 c.,
   ci . . . .   306 fr. 50

   Et le deuxième, âgé de
   6 mois, aura pour
   10,000 fr., ci . . .   10,000 fr.
20 primes annuelles à

payer , chacune de
278 fr. 10 c., ci . .   278 fr. 10

EXEMPLE 3.

Un négociant, père de trois
enfants, dont le premier est
âgé de 5 ans , le second de
3, et le troisième de 8 mois,
veut constituer à chacun d'eux
un capital de 20,000 fr., qu'ils
toucheront quand ils auront
atteint leur 24me année.

Pour assurer 20,000 fr.
  sur la tête du premier,
  ci . . . . . .   20,000 fr.
la prime annuelle à payer
  pendant 16 années est
  de . . . . . .   743 fr.

Pour assurer 20,000 fr.
  sur la tête du second, ci   20,000 fr.
la prime annuelle à payer

pendant 18 années est
de .   .   .   .   .   .   615 fr. 20

Et pour assurer 20,000 fr.
  sur la tête du troisième,
  ci .   .   .   .   .   .   20,000 fr.
la prime annuelle à payer
  pendant 20 années est
  de .   .   .   .   .   .   510 fr. 40

——————— EXEMPLE 4. ———————

Un autre négociant, père
de quatre enfants, veut assurer à chacun d'eux un capital
de 30,000 fr., exigible à leur
21ᵐᵉ année.

  Le premier, âgé de 6
  ans, aura pour assurer
  30,000 fr., sur sa tête,
  ci .   .   .   .   .   .   30,000 fr.
15 versements annuels à

faire , chacun de
1,229 fr. 40 c., ci .   1,229 fr. 40

Le second, âgé de 4 ans,
aura pour assurer
30,000 fr., sur sa tête,
ci . . . . . .   30,000 fr.

17 primes annuelles à
payer , chacune de
1,013 fr. 10 c., ci. .   1,013 fr. 10

Le troisième, âgé de 2
ans, aura pour assurer
30,000 fr., sur sa tête,
ci . . . . . .   30,000 fr.

19 primes annuelles à
payer , chacune de
844 fr. 20 c., ci .   844 fr. 20

Et pour assurer 30,000 fr.
sur la tête du quatrième,
âgé de 15 jours, ci. .   30,000 fr.

la prime annuelle à payer
pendant 21 années est
de 687 fr. 60 c., ci. .   687 fr. 60

EXEMPLE 5.

Un notaire, ayant trois enfants, dont le premier est âgé
de 5 ans, le deuxième de 3, et
le troisième de 10 mois, veut
constituer sur la tête de chacun d'eux, une somme de
50,000 fr., exigible à leur
21me année.

Pour assurer 50,000 fr.
sur la tête du premier,
ci . . . . . . 50,000 fr.

La prime annuelle à payer
pendant 16 années est
de 1,857 fr. 50 c., ci. 1,857 fr. 50

Le deuxième aura, pour
assurer 50,000 fr., sur
sa tête, ci . . . . 50,000 fr.

18 primes annuelles à
acquitter, chacune de
1,538 fr., ci.. . . 1,538 fr.

Et le troisième aura, pour
  assurer 50,000 fr., sur
  sa tête, ci.   .   .   .   50,000 fr.
20 versements annuels à
  faire,chacun de 1,276 fr.
  ci.   .   .   .   .   .   .   1,276 fr.

———————— EXEMPLE 6. ————————

Un négociant, à la tête
d'une maison de commerce
en pleine prospérité, et père
de deux charmants enfants,
qui font toute sa joie et son
bonheur, dont l'un est âgé de
4 ans, et l'autre de 2, veut
assurer à chacun d'eux un
capital de 100,000 fr., exigible à leur 21me année.

Pour assurer 100,000 fr.,
  sur la tête du premier,
  ci.   .   .   .   .   .   .   100,000 fr.

La prime annuelle à
payer pendant 17 an-
nées sera de 3,377 fr.   3,377 fr.

Et pour assurer 100,000
fr., sur la tête du se-
cond, ci . . . . . .   100,000 fr.

La prime annuelle à payer
pendant 19 années
sera de 2,804 fr., ci.   2,804 fr.

TARIF des primes UNIQUES et des primes ANNUELLES, l'Assuré, A UNE

AGE de l'assuré	A 18 ANS.		A 19 ANS.		A 20 ANS.		A 21 ANS.	
	Prime unique.	Prime annuelle	Prime unique.	Prime annuelle	Prime unique.	Prime annuelle	Prime unique.	Prime annuelle
Ans.	fr. c.	fr. c	fr. c.	fr. c.	fr. c.	fr. c.	fr. c.	fr. c.
0	267 54	29 54	252 65	27 10	238 56	24 91	224 97	22 92
1	337 31	33 21	318 53	30 35	300 78	27 81	283 64	25 52
2	377 06	36 83	356 07	35 55	336 22	30 65	317 06	28 04
3	410 61	40 82	387 75	37 03	366 14	33 72	345 28	30 76
4	441 61	45 32	417 03	40 94	393 78	37 14	371 34	33 77
5	472 16	50 51	445 88	45 40	421 02	41 01	397 03	37 15
6	502 80	56 56	474 82	50 55	448 35	45 43	422 80	40 98
7	534 35	63 72	504 61	56 57	476 48	50 55	449 33	45 38
8	567 83	72 35	535 75	63 72	505 89	56 56	477 06	50 48
9	601 74	82 93	568 25	72 32	536 57	63 68	505 99	56 46
10	637 57	96 19	602 08	82 86	568 52	72 26	536 13	63 55
11	674 83	113 27	637 27	96 08	601 75	82 78	567 46	72 09
12	713 47	130 12	673 76	113 10	636 20	95 81	599 95	82 61
13	754 37	168 29	712 39	135 94	672 68	112 93	634 35	95 74
14	797 66	216 50	753 26	168 12	711 27	135 77	670 74	112 77
15	843 47	297 12	796 51	216 32	752 12	167 94	709 26	135 59

à verser pour assurer la somme de 1,000 francs payable, en cas de vie de ÉPOQUE FIXÉE.

AGE de l'assuré	A 22 ANS.		A 23 ANS.		A 24 ANS.		A 25 ANS.	
	Prime unique.	Prime annuelle	Prime unique.	Prime annuelle	Prime unique.	Prime annuelle	Prime unique.	Prime annuelle
Ans.	fr. c.	fr. c.	fr. c.	fr. c.	fr. c.	fr. c.	fr. c.	fr. c.
0	212 13	21 13	199 91	19 51	188 55	18 04	177 74	16 70
1	267 45	23 52	252 16	21 02	237 72	19 93	224 09	18 44
2	298 97	25 72	281 88	23 64	265 74	21 77	250 49	20 09
3	325 57	28 14	306 96	25 81	289 38	23 72	272 78	21 84
4	350 15	30 80	330 13	28 18	314 23	25 83	293 38	23 74
5	374 38	33 77	352 97	30 80	332 70	28 17	313 67	25 82
6	398 67	37 12	375 88	33 75	354 35	30 78	334 03	28 15
7	423 69	40 94	399 46	37 08	376 59	33 70	354 99	30 73
8	449 84	45 31	424 12	40 87	399 83	37 02	376 90	33 65
9	477 12	50 39	449 84	45 23	424 08	40 79	399 76	36 95
10	505 53	56 34	476 63	50 29	449 34	45 22	423 56	40 71
11	535 08	63 41	504 48	56 22	475 59	50 18	448 32	45 04
12	565 71	71 95	533 37	63 28	502 82	56 12	473 99	50 09
13	598 14	82 44	563 94	71 81	531 65	63 16	501 16	56 01
14	632 47	95 58	596 30	82 28	562 16	71 67	529 91	63 04
15	668 78	112 60	630 55	95 44	594 44	82 11	560 35	71 63

L'assurance en cas de vie peut aussi être contractée par prime unique : c'est au choix du souscripteur.

─────────── **EXEMPLE 1.** ───────────

Un médecin, père de deux enfants, dont l'un est âgé de 3 ans, et l'autre de 9 mois, veut constituer à chacun d'eux un capital de 10,000 fr., exigible à leur 21me année.

Pour le premier capital de 10,000 fr., ci. .	10,000 fr.
qui aura 18 ans à courir, il paiera une prime unique de.	3,452 fr. 80
ou 18 primes annuelles, chacune de	307 fr. 60
Et pour le second capital de 10,000 fr., ci. .	10,000 fr.
qui aura 20 ans à courir, il paiera une prime	

unique de. .   .   .   2,836 fr.40
ou 20 primes annuelles,
chacune de 255 fr.20

_______ EXEMPLE 2. _______

Un célibataire, âgé de 30
ans, peut aussi se constituer
un capital de 100,000 fr.,
payable à lui-même dans 20
ans, soit par prime unique,
soit par primes annuelles, ci.   100,000 fr.
   La prime unique à verser
est de. .   .   .   .   .   29,833 fr.
   La prime annuelle à payer
pendant 20 années est
de . .   .   .   2,485 fr.

Dans le cas où la personne, sur la tête
de laquelle repose une rente viagère immédiate ou différée, ou une assurance en

cas de vie, viendrait à mourir avant l'expiration du délai fixé, ou non, les primes uniques ou annuelles déjà versées sont acquises de droit à la Compagnie. C'est le contraire des assurances mixtes ou pour la vie entière, ainsi que nous l'avons vu dans la première partie de notre exposé.

. . . .

. . . .

Les primes d'assurances peuvent être payées :

1° par primes uniques,
2° par primes annuelles,
3° par primes semestrielles,
4° par primes trimestrielles,

A la volonté du souscripteur.

La Compagnie l'IMPÉRIALE pratique encore plusieurs autres combinaisons d'assurances, plus ou moins ingénieuses, telles que : la Caisse professionnelle, la Caisse du Clergé, la Caisse de l'Armée, la Caisse contre la dépréciation des offices ministériels, les achats et échanges de nues-propriétés.

Nous n'avons pas jugé à propos de nous étendre plus longuement sur ces combinaisons, attendu qu'elles ont le même caractère, la même valeur, atteignant le même but, quoique sous des formes diverses, que les combinaisons auxquelles nous venons de donner les développements les plus étendus.

Nous ne parlerons pas ici non plus de la contre-assurance, dont l'usage est peu fréquent, bien qu'elle soit cependant d'une certaine importance.

Les personnes qui désireront en con-

naître non-seulement le principe , mais
l'application, pourront s'adresser directement aux Compagnies d'assurances sur la
vie, ou à l'Administration de l'IMPÉRIALE,
rue de Rivoli, 182, à Paris.

CONCLUSION

Nous serons aussi bref dans notre conclusion, que nous l'avons été dans l'exposé que nous soumettons à l'appréciation du public, à ce juge sévère, mais impartial , quand il s'agit des choses utiles qui contribuent , pour une large part , à l'amélioration du bien-être général de la masse de la population, dans un pays aussi fertile que le nôtre, sous un règne protecteur des arts et des sciences , de l'agriculture, du commerce, de l'industrie, etc.

Parmi les institutions sérieuses et fécondes de l'époque actuelle, nous pouvons placer en première ligne les Compagnies anonymes d'assurances, à primes fixes, sur la vie, qui

8

sont, de nos jours, déjà comprises et appréciées, même dans les endroits les plus
reculés, et se popularisent malgré une certaine prévention qui existe contre elles,
mais qui doit aujourd'hui disparaître en
présence des immenses services qu'elles
rendent aux populations, pour faire place
à la confiance publique.

Quelle est, en effet, l'institution finan-
cière qui est plus efficace et plus utile à
la masse de la population que les Compagnies anonymes d'assurances sur la vie?...
Il n'y en a point, nous pouvons le dire hau-
tement, dont les combinaisons variées soient
accessibles à toutes les positions, quelles
qu'elles soient, et de nature à prémunir
contre les éventualités qui peuvent avoir des
conséquences funestes.

Tout le monde y trouve ce qu'il lui faut :
chacun de nous y trouve la combinaison qui
lui convient, celle qui est en rapport avec sa
position, quelle qu'elle soit, et qui est aussi

de nature à assurer une existence heureuse
pour la vieillesse, ou pour mettre à l'abri de
tout accident éventuel les personnes qui
nous sont chères.

L'ouvrier sage, laborieux, prévoyant et
économe n'y est pas oublié ; il y trouve le
moyen le plus efficace pour laisser après lui
un petit patrimoine à sa famille. Presque
toutes les combinaisons sont à sa portée,
et il peut commencer, s'il veut, par l'assurance pour la vie entière, puisqu'on
peut assurer des sommes de toute importance, depuis 1,000 fr. jusqu'à 100,000 fr.,
et plus.

A 30 ans, il peut assurer un petit capital
de 1,000 fr., moyennant une prime annuelle
de 21 fr. 20 c. C'est peu, en raison du capital
assuré. Si ses économies lui permettent de
souscrire pour 2,000 fr., au lieu de 1,000 fr.,
la prime annuelle sera double, ou 42 fr. 40 c.;
pour 3,000 fr., elle sera triple, ou 63 fr. 60 c.
C'est beaucoup, nous dira-t-on ; certaine-

ment, nous en convenons ; c'est d'abord une petite fortune pour le souscripteur ; mais nous dirons, à notre tour, que c'est peu pour l'ouvrier sérieux et économe , qui aime réellement sa femme et ses enfants.

Par cela même, il trouve le moyen d'économiser une petite somme annuelle, qui sera, pour ainsi dire, la sauvegarde de l'avenir de sa famille, dans le cas où une mort prématurée viendrait l'enlever à ses plus chères affections.

Cet ouvrier prévoyant et économe peut encore , s'il le désire , au lieu d'assurer 2,000 fr. sur sa tête, en assurer la moitié sur celle de sa femme, ainsi que nous l'avons expliqué dans la première partie de cet exposé, chapitre II, *Assurance pour la vie entière.*

L'honorable Compagnie l'IMPÉRIALE, toujours désireuse de venir au secours de la classe ouvrière, a fondé la Caisse professionnelle uniquement pour elle.

Cette Caisse réunit deux éléments bien caractérisés et distincts : l'assurance mixte et la rente viagère immédiate ; mais l'assurance pour la vie entière, qui est, du reste, la base fondamentale de toutes les autres combinaisons, est préférable sous bien des rapports : elle est d'abord moins chère, et puis elle participe aux bénéfices de la Société. C'est donc l'assurance pour la vie entière que nous conseillons ; c'est celle-là qui convient à la classe ouvrière, sans cependant exclure les autres combinaisons.

Nous ne parlerons pas ici de la Caisse du Clergé, qui, comme la Caisse professionnelle, réunit plusieurs éléments.

La combinaison qui convient de préférence au Clergé, c'est la rente viagère différée, car elle atteint parfaitement le but de Messieurs les Ecclésiastiques, et ceux d'entre eux qui désirent laisser un capital à leur décès, peuvent souscrire une assurance mixte ou pour la vie entière.

Enfin, nous croyons avoir assez démontré à nos Lecteurs, par les nombreuses explica-

tions que nous avons données sur les combinaisons les plus usitées, la partie éminem-
ment utile, telle qu'elle doit être pratiquée
de nos jours.

PRÉJUGÉS

Il nous reste encore un devoir de conscience à remplir, avant que de livrer au public notre opuscule élémentaire.

Ce devoir, nous l'avouons, nous sera d'autant plus agréable qu'il s'agit de combattre certains préjugés, plus ou moins absurdes, qui n'ont aucune raison d'être, et qui se trouvent, par leur nature, en opposition avec les principes les plus sacrés des consciences.

Nous respectons religieusement les opinions diverses, quelles qu'elles soient, mais nous ne sommes nullement disposé à respecter, en aucune manière, les préjugés absurdes, qui ne reposent sur aucun principe, et qui ont presque toujours une influence funeste sur les esprits faibles.

Ces préjugés prennent quelquefois un caractère religieux, et sont, le plus souvent, tels que l'on croirait vraiment qu'ils ont la religion pour complice : heureusement, il n'en est rien.

Cependant, il existe encore, au milieu du XIXe siècle, certaines personnes, plus ou moins religieuses, qui voient dans l'assurance sur la vie, une cause immorale et qui disent : « La religion nous défend de nous » assurer. » En quoi vous le défend-elle ?... Quelle est la cause qui vous le défend?.. Nous vous le demandons de toute la force de notre âme; car rien ne nous le prouve, pas même les moralistes les plus profonds dont l'opinion, qui fait autorité, est en faveur de l'assurance sur la vie.

Quant à nous, nous sommes de l'avis des moralistes les plus accrédités, et nous n'hésitons pas à émettre, avec la conviction la plus profonde, l'opinion que la religion peut admettre dans son sein, dans son vrai sanctuaire, l'assurance sur la vie à primes fixes, comme une des institutions les plus morales du XIXe siècle. Elle peut même la considérer, par ses bienfaits, par les services qu'elle rend dans toutes les classes de la société, comme un des plus puissants auxiliaires, qui est réellement de nature à contribuer, pour une grande part, à la moralisation de la masse de la population.

C'est aussi l'opinion de quelques éminents théologiens appartenant à l'épiscopat, et nous allons le prouver, de la manière la plus évidente, par l'exemple ci-après, qui est sans réplique.

. . . .

Il y a, dans l'un de nos centres industriels, deux familles, à peu près égales sous le rapport de la fortune et de la position sociale.

Les deux maris ont un emploi presque

identique , rapportant à chacun d'eux 6 à 7,000 fr. par an, seule ressource des deux ménages.

Ces deux familles sont amies, mais elles diffèrent un peu d'opinions religieuses, quoiqu'elles professent toutes les deux la religion catholique.

L'une a des principes religieux exagérés, poussés jusqu'au fanatisme, et l'autre pratique ses devoirs religieux comme tout catholique sincère doit le faire.

Toutes les deux ont des enfants : la première a deux filles, et la seconde un garçon et une fille.

Une assurance de 50,000 fr., pour la vie entière, a été proposée au mari de la première famille, alors âgé de 45 ans ; mais sa femme s'y est formellement opposée, en disant que la religion le lui défendait, que cette assurance ferait mourir son mari, etc...

La même assurance de 50,000 fr. a été proposée au mari de la seconde famille, qui a répondu : que cette affaire lui convenait parfaitement, mais que son devoir d'époux était d'en parler à sa femme avant que de prendre une résolution définitive. Celle-ci, consultée, a répondu, à son tour : « Oui, je » le sais, Madame de... m'en a parlé ; mais » elle ne veut pas que son mari s'assure ; » elle craint, dit-elle, que cette assurance ne » le fasse mourir, ou que ce soit un acte » contre la religion. Je ne suis pas de son » avis ; je crois, au contraire, que c'est » une très-bonne affaire pour des gens » comme nous, qui n'avons d'autre fortune » que notre position actuelle.

» Nous, par exemple, nous pouvons facile- » ment mettre 1,200 fr. de côté chaque » année, sans nous gêner le moins du monde, » car tout repose sur toi, mon ami ; tu es le » principal soutien de la famille ! que dis-je? » tu es tout enfin !... Et si tu venais à nous » manquer, nous serions, moi et mes enfants, » dans une position des plus critiques... »

Le mari n'a pas voulu entendre jusqu'au bout l'énumération détaillée de sa situation ; il a été, à l'insu de sa femme, contracter une assurance de 50,000 fr., pour la vie entière, et, après l'avoir conclue, il en a fait part à sa digne compagne, qui l'en a remercié et lui a exprimé toute sa reconnaissance.

Ils en ont ensuite informé Madame de..., pour la décider à en faire faire autant à son mari. Celle-ci les a très-mal accueillis, leur disant qu'ils n'avaient pas de religion, et qu'ils ne savaient pas faire leurs affaires.

Peu de temps après, le mari de la dame aux préjugés fanatiques vint à mourir, la laissant, avec ses deux filles, presque sans ressources. La position aisée avait disparu avec le mari. Alors elle s'est écriée : « Ah ! si j'avais laissé » faire mon pauvre mari, il m'aurait pourtant » laissé 50,000 fr. ! Quel malheur ! »

Oui, quel malheur ! Et, à qui la faute ? N'est-ce pas la vôtre, Madame ? Vous pouvez bien vous dire sans vous plaindre : « *Mea maxima culpa.* »

La Providence n'a pas non plus accordé une heureuse longévité à celui qui a contracté l'assurance de 50,000 fr., car il est mort deux ans après, et, à son décès, la veuve a touché les 50,000 fr. qui étaient assurés sur sa tête.

Cette vertueuse mère a placé ses enfants le mieux possible : son fils dans le commerce, et lui a donné 15,000 fr. pour son premier établissement; elle a marié sa fille et lui a donné une dot de 15,000 fr.; il reste 20,000 fr. pour elle.

Voilà donc une famille très-heureuse, qui vénère la mémoire de son bienfaiteur, et chaque fois qu'elle va prier sur sa tombe, elle prononce avec respect ces belles paroles de l'hymne sacrée : « *Per singulos dies* » *benedicimus te.* Chaque jour nous vous » bénissons... »

Tandis que les deux pauvres filles de la

première famille, ayant reçu une éducation qui n'est plus en rapport avec leur position actuelle, se trouvent seules dans le monde, sans soutien, sans position, sans fortune, exposées à tous les périls!... Que deviennent-elles ? Dieu le sait. Combien n'y en a-t-il pas qui suivraient certainement la bonne route, si les parents leur en donnaient les moyens?... Que faire dans de telles situations ?...

Vous le voyez, bonnes mères de famille, l'assurance sur la vie est on ne peut plus morale; elle prévoit tous les cas et empêche bien des personnes de tomber dans le vice.

Les préjugés fanatiques, quels qu'ils soient, ne sont plus de notre époque, qui est si féconde en lumières, en progrès, etc.

L'exemple que nous venons de rapporter, fera comprendre, nous n'en doutons pas, aux époux même les plus hostiles à l'assurance sur la vie, combien cette opération est utile aux intérêts les plus chers des familles, car elle est de nature à sauvegarder l'avenir et l'honneur de ceux ou de celles qui restent après la mort du chef immédiat, ainsi que vous l'avez vu par le récit ci-dessus, qui est la réalité, et non une fable.

TABLE DES MATIÈRES.

PREMIÈRE PARTIE.

DEUXIÈME PARTIE.

Reims, Imprimerie de P. DUBOIS, rue de l'Arbalète, 9.